KB188907

그렇게 살면
잘 사는 줄 알았어요

〈일러두기〉
본서는 KoPub바탕체, KoPub돋움체, 나눔명조 폰트를 사용했습니다.

그렇게 살면
잘 사는 줄 알았어요

임란규

세우미

나는 72세 할머니입니다. 금실 좋은 부모님 밑에 12형제의 막내딸로 태어났습니다. 극진한 사랑을 주셨던 아버지는 9살 때 돌아가시고 모든 것이 여의치 않은 상황에도 어머니의 간절한 소원으로 의사가 되었습니다.

공부는 잘하지 못하고 머리도 좋지 않았지만 이화여대 의예과를 지망했고 하나님의 은혜로 합격했습니다. 그리고 소아과 전문의로 43년간 지내고 69살에 의사 가운을 벗었습니다. 많은 아픈 아기들을 치료하였고 그들의 많은 이야기들을 가슴에 담고 그 자리를 떠난 지 벌써 3년이 지나고 있습니다.

삶의 많은 시간을 보냈던 그때가 많이 그립기

도 하고, 많이 힘들게 했던 순간들도 잘 지내게 하시고 감당하게 해주신 하나님께 감사하며 언제부턴가 하나님께 써 왔던 편지를 하나하나 꺼내 보는 지금입니다.

모태 신앙인 남편으로 인해 교회에 다닌 지 46년 ……. 힘들었던 시간들, 어쩌면 아버지가 돌아가신 후 더 나를 이끌어 주시고 지켜주셨을 하나님의 한량없는 은혜였음을, 지금 이 나이에 고백하며 이 글을 씁니다.

어린아이처럼 하나하나 알아가는 과정이 왜 그리도 오랜 시간이 걸렸는지 … 새벽 기도 다니면서 매일 주옥같이 들려주신 하나님 말씀이

차곡차곡 쌓여서 어린아이처럼 마냥 따라온 지금입니다. 많은 죄를 짓고, 많은 실수를 했으며 또 많이 회개하면서, 아주 작은 낱말로, 나그네의 생각과 언어로 하나님께 긴 편지를 씁니다.

이 편지가 누군가에게 위로가 되고 누군가에게 도움을 주고, 하나님을 모르는 누군가에게 참 좋으신 하나님께 올 수 있는 길잡이가 되었으면 하는 바람입니다.
이 편지를 쓰게 하신 하나님께 감사드립니다.

2022년 모든 것 감사하며 행복한 날에
글쓴이 임란규

모든 인생은 한편의 영화요 시요 소설과도 같
을 것입니다. 매일같이 다가오는 다양한 삶의
현실은 누구에게나 기막힌 스토리들과 다양한
감정들을 갖게 하기 때문이지요.

하지만 그것을 글로 남기며 반추해 볼 때, 비로
소 인생은 정리가 됩니다. 진정 깊이 있어집니
다. 아울러 같은 경험을 하게 될 누군가에게 도
움을 줄 수 있습니다.

이 소책자에는 43년간 아이들을 돌보아 온 소
아과 전문의이자, 한 가정의 충실한 아내요 어
머니, 그리고 매일 새벽 기도를 통해 하나님과
영적 교제를 나누는 임란규 권사님의 믿음이

담겨 있습니다. 참으로 소박하고 겸손하며 아름다운 고백들이 포도 알맹이들처럼 모여 있습니다.

읽는 내내 마음이 따뜻해집니다. 혼탁한 마음이 깨끗해지는 느낌마저 갖게 됩니다. 잃어버린 감사, 어느덧 사라져 버린 은혜에 대한 갈망이 조금씩 되살아남을 경험합니다. 나도 다시 마음을 추슬러야 하겠구나, 생각해 봅니다.

저자의 간절한 소망이 이 소책자에 담겨 있습니다. 구원과 영원한 생명 주시는 분을 알지 못하고 살아가는 분들에게 하나님을 소개하는 것입니다. 자신의 믿음의 고백들을 읽는 누군가

가, 언젠가 함께 믿음의 고백을 할 수 있기를
바라는 간절함이 담겨 있습니다.

저자가 신앙생활하는 교회의 담임목사로서, 하
나님께서 그 마음을 받으시고 반드시 응답해
주시리라 믿습니다. 이 글을 읽으시는 모든 분
들에게 주님의 축복이 가득하시기를 바랍니다.

왕성교회 길요나 목사

차
례

1부

어찌 해야 하나요

2부

이 땅이 천국이었으면 좋겠어요

3부

다 그렇게 사는 줄 알았어요

1부

어찌 해야 하나요

많은 죄를 짓고, 많은 실수를 하며, 많은 회개를 하면서 아주
작은 낱말로 나그네의 생각과 언어로 하나님께 긴 편지를 씁
니다. 이 편지가 누군가에게 위로가 되고 하나님께 올 수 있는
길잡이가 되었으면 좋겠습니다.

하나님께 긴 편지를 쓰려 합니다

높고 파란 하늘이 걷히고
회색 빛 감도는 겨울 하늘을 보노라면
앙상한 가지마다 들려주는
겨울의 소리가
들립니다.
문득 지나간 시간들을 돌아보며
생각에 잠기다 옷깃을 여미며
하나님께 긴 편지를 쓰려고 합니다.

돌이켜 보면 지금까지 1분 1초도
하나님의 사랑과 은혜 없이는
존재하지도, 살지도 못했던 순간 순간들이
주마등처럼 스쳐 갑니다.

이제 무한한 하나님의 은혜와
사랑 속에서 감사하며
아주 길고도 긴 편지를 하나님께 쓰려 합니다.

하늘을 우러러 한 점 부끄럼 없기를 바라며
하루를 시작하곤 하지만
늘 얼룩지고 상처 입고 죄지은 마음으로
저녁을 대하며
"주님! 용서 하소서."
늘 같은 기도를 반복하곤 합니다.

그러나 그때마다 인자하게 웃으시며
기다려 주시는 주님을 생각하면서
위로를 받곤 합니다.

아주 작고 작은 삶의 조각들,
남에게 보이고 싶지 않은
악함과 더러움, 미움, 절망까지도
하나님께 다 내어 보이며
어린아이처럼 늘상 일러바치는
그런 편지를 쓰려 합니다.

매일 연속되는 삶과 죽음의 터널 속에서,
감정 표현도 못하고,
마음의 고요함도 찾지 못한 채,
끙끙대며 살아가는 삶 속에 있더라도,
무엇이든지 다 마냥 즐겁기만 합니다.

그것은 늘 하나님께 항상 마음속으로

길고도 짧은 편지를 쓸 것이고
그때마다 받아 주시는 하나님의
마음을 느끼기 때문입니다.

나의 고백

하나님께서
사랑할 수 없는 것까지 사랑하라 하셨는데
사랑할 수 있는 것도 사랑하지 못했습니다.

참을 수 없는 것까지 참으라 하셨는데
참을 수 있는 것도 참아내지 못했습니다.

할 수 없는 것까지도 하라고 하셨는데
할 수 있는 것도 하지 않았습니다.

어찌 해야 하나요

하나님 아버지!
하루를 사는 것이 얼마나 중요한지를
70년 세월을 지나서야
더 절실히 느끼게 됨이
참으로 부끄러운 나이입니다.
그리고 그 삶이 얼마나 힘든 것인지도
알게 된 지금입니다.

하루가 모여서 일 년이 되고
십 년이 되고
또 백 년이 되고
영겁이 되고
잘 산다는 것이 얼마나 힘든 것인지도
정답이 없는 삶의 진실을

지금도 묻고 있습니다.

어떻게 살아야 하나요?
지금까지 잘 살았는 줄 알았습니다.
최선을 다하여 잘 살았노라고
조금의 의심도 없이
창피함도 없이
잘 살았다고 생각했는데
그것이 나의 착각이었음을
이제 고백합니다.

얼마나 많은 순간이
제 마음대로였는지
최선을 다한다고 했지만

한 모퉁이 속에 내 이기심이 있어
더 할 수 있었는데 하지 않았고
더 참을 수 있었는데
더 참지 않았습니다.

깨달음은 단번에 얻는 것이 아니라
한 계단씩 밟아간 이후에
마침내 얻을 수 있는 것이라는 것을 알았지만
감히 실천하려고 하지 않았습니다.

하나님 아버지! 더 사랑해야 하는데
더 사랑하지 않았음을 고백합니다.
그리곤 '이만큼'이라는 병에 걸려
이만큼만 하면 되었다고

나 자신을 포장하며 엄살을 부렸습니다.
언제나 정답이 아니었던 내 성격과 마음,
고통과 외로움, 생로 병사, 흥망성쇠 등
모든 것으로부터 자유로워지는 것은
오직 주님의 은혜 뿐입니다.

주님 안에서 나는 비워져 있습니다.
그리곤 이제 하나님 앞에서
통곡하며 회개합니다.

어디서부터 잘못된 것일까요?
어디서부터 어떻게 …
용기도 지혜도 모자라는 데
어찌해야 하나요?

봄이 올 것 같은 날에

오늘은
날씨도 맑고,
환하고,
2월 치고는 따뜻해서
곧 봄이 올 것
같은 날입니다.

따뜻함과 햇빛이
가득한 풍경이
마음도 따뜻해지고
그냥 이대로
좋은 일 만 있을 거라고
소망을 가지며
마음의 평안을 구합니다.

기도한 대로
구하는 대로 주신다고 하셨습니다.
따스한 햇빛처럼,
봄을 재촉하는 라일락 꽃망울처럼
파란 희망을 가슴속에
가득 심어 봅니다.

환하게 피어오르는
봄이 곧 올 것이고
또 뜨거운,
그래도 좋은 여름이 올 것입니다.
시간은 자꾸 흘러가니
그 또한 좋습니다.
거꾸로 간다면

너무 힘들 것 같습니다.

아름다운 추억들과 같이
많은 문제들을 품고 있는 지난 시간들이
주마등처럼 지나갑니다.

하지만 나 지금
이 시간이 소중하고
오늘 하루가 충분히 행복합니다.

"하나님 보시기에 좋았더라." 하는
시간을 갖는다면
무엇을 더 바랄까요?
하루하루 최선을 다하여

아름답게 살아가면
그리고 먼 훗날, 되돌아보면서
살며시 미소 지을 수 있다면
하나님!
얼마나 좋을까요?
평안은 하나님이 주신 은혜의 선물,
그저 평안함을 가득 주시길
욕심내 봅니다.

제 주위의 모든
사람들이 다 평안하길
그래서 우리 예쁜 말만 하고
살 수 있으면
얼마나 행복할까요?

이미 복 많이 받았습니다

"새해 복 많이 받으세요."
"이미 많이 받았습니다.
다 무너졌었는데 쬐~끔 회복되고 있습니다.
아주머니 모셔다드리고 집으로 갑니다.
그런데 집은 없습니다.
더 무너진다면 무언가 더 알 수 있을 것 같습니
다. 이미 복 많이 받았습니다."

새벽 기도 가면서
택시 안에서 주고받은 대화입니다.
사업 실패로 모든 것을 잃어버리고
아내와 자식들과도 이별하고
죽을 것 같았는데
이렇게 직업도 갖고

공장 한구석에서 주거하게 되었다는
택시 기사분의 사연입니다.

"그러네요. 이미 복 많이 받았습니다.
더 무너진다면 무언가 더 알 수 있을 것 같습니
다."라고
무덤덤하게 던져진 이 말이
가슴을 쿵 하고 수없이 되뇌게 합니다.

아! 그러네요.
이미 복 많이 받았습니다.
이미 복 많이 받았습니다.
그런데도 더 달라고 하네요.
복을 더 달라고 하네요.

끝없는 나의 욕심과 무지함에
고개를 그만 떨어뜨립니다.
용서해 주세요.

하나님 아버지!
우주 속 작은 행성에서
하늘과 바다, 산과 나무, 사람과 동식물은
서로에게 공간을 내어주며 살도록
주관하시는 하나님을 믿습니다.

하나님은 행복과 사랑의 하나님이시지
불행을 주시는 하나님이 아니시니까요.
우리 모두 사랑하고 행복하고 따뜻하고
아름다워 지길 원하시는 분이므로

저는 믿습니다.

더는 무너지지 않을 것입니다.
다 ……
지나갈 것입니다.

한 그루 나무가 되어

한 그루의 나무였으면 좋겠습니다.
소박해서 눈에 띄지 않아도 좋고
사람들이 너무 좋아해서
정원에 놓고 보는 나무가 아니어도 좋고
그저 깊은 산속에서
그냥 그렇게 묵묵히 서 있어도 좋고
길가, 한적한 길모퉁이에 서 있어도 좋고
아니면 아무도 찾지 않는
외딴섬이라도 좋습니다.

그저 묵묵히 모든 것을 지켜볼 수만 있으면,
침묵만 할 수 있다면,
그리고 모든 것 다 바라보며 견딜 수 있다면
한 그루 나무가 되어

모든 것을 포용하며 여유롭게 살 것입니다.

가끔 바람이 찾아오고
또 별빛이 속삭이고
그래도 묵묵히 침묵할 수 있는
이름 없는 나무였으면 좋겠습니다.
아픔도, 기쁨도, 슬픔도,
모든 백 가지 마음과 회한도,
그냥 조용히 삼킬 수 있으면 좋겠습니다.

그리고 늘 그 자리에서
기다리며 변하지 않는 모습으로
오고 가는 사람들을 묵묵히 바라보며
사랑만 하면 좋겠습니다.

나그네의 삶 …

그 가운데서

우리는 자유로움도,

사랑도 미움도,

행복도 경험합니다.

바램이 있다면

모든 것을 사랑하며

주 안에서 만끽하면 좋겠습니다.

이곳에서도 천국이었으면 좋겠습니다.

하나님 아버지!!!

하나님이 좋아서

연두색 연하고 어린잎이
어느새 짙은 초록으로 갈아입고 있습니다.

아! 하나님, 시간이 가고 있습니다.
그리고 오늘 또 저는 고백합니다.
새벽 기도 드린 지 십여 년입니다.
누가 묻습니다.
왜 하냐고?
어떻게 할 수 있냐고?
무슨 절절한 사연이 있는 거냐고?

하나님 아버지!
하루하루 사는 것 자체가 제겐 절절했습니다.
모든 것 있고 부족함이 없는 것 같아도

삶 자체는 힘든 것이었습니다.
마음의 갈급함,
기본적인 인간의 외로움,
불신, 갈등, 미움, 사랑할 수 없는 것들,
원치 않는 모든 것들이
하루하루 절절했습니다.

하루를 잘 산다는 것은
저 혼자로서는 너무 힘든 숙제이니까요.

그래서 시작한 새벽 기도인데
이제는 절절함 때문도 아니고
제 아픔,
제 가족의 모든 문제,

힘든 일 때문도 아니고

하나님이 그냥 좋아서

마냥 좋아서

내가 하는 넋두리 다 그냥 들어주시니까.

토 달지 않고

비판하지 않으시고

다 들어주시고

난 마냥 하고싶은 말 다 할 수 있으니까.

모든 것 일러바치는 어린애처럼

비록 훌륭한 언어도 아니고

멋진 말도 못 하고

거룩한 언어는 더더욱 쓸줄 몰라도

용기 없이 드리는 조그만 언어들의 연속이지만
그저 하나님이 좋아서
아버지한테 일러바치는 어린아이처럼
그렇게 하는 것이 나로서는
기도라고 합니다.

비록 짧은 새벽 그 시간이지만
하나님 앞에 무엇이든지 함께 나누면
행복도, 사랑도 커지듯이,
그 나눔을 하나님과 함께 만들어 갑니다.

하나님과 함께함이 기쁨이기에
하나님 앞에 나아갑니다.

하나님!

사랑합니다.

아주 많이요.

어떻게 살아야 잘 사는 것인가요

하나님 아버지!
산다는 것은 무엇입니까?
어떻게 살아야 잘 사는 것입니까?
무엇을 하며 어떤 모습으로,
무엇을 추구하며,
무엇을 바라며,
무엇을 위해 살아야 하나요?

삶의 피곤함 속에,
때론 뼈를 깎는 고통도,
숨 막힐 것 같은 중압감 속에서도,
아니 때로는, 잔잔히 물안개처럼
번지며 하얗게 쌓이는 슬픔도,
아니요, 때로는 희열에 찬 기쁨과

갓가지 색깔의 행복도,

그리고 무한한 사랑도,

다 내 것이라서 인정하고 가야 되는 것 ……

이 모든 것을 힘들어 하지만

어느 모퉁이에서 분명 내 몫이 있고

내가 지고 가야 할 십자가가 분명히 있으므로

해서 지금 뒤돌아봅니다.

욕심이 왜 이리도 많은지.

좋고 잘난 것만 내 것이고

잘 되는 것만이 나의 길이라고,

나도 모르게 병이 들어서,

그 병을 내려놓지 못해

얼마나 많은 시간을 허비했을까요.

하나님 아버지!
얼마나 비워야 합니까?
어디까지 내려가야 할까요?
어디까지 인정해야 하나요?
모든 것 인정하며 선선히 기뻐하며
정말로 욕심 없는 내가 되었으면 좋겠습니다.

아무것도 내 것이 아니므로,
남에게 일어나는 모든 일이
바로 나의 일이 될 수 있으므로,
삶이 더욱 의미 있고 아름다워지는 것은
나그네의 길이기 때문에 ······

그러한 나그네의 삶!

"하나님 보시기에 좋았더라." 하고

칭찬받는 삶이라면 얼마나 좋을까요.

이것도 머릿속으로 겨우 생각해낸 이론일 뿐.

나는 다시 한 마리의 애벌레로 돌아갑니다.

어찌하나요?

하나님 아버지!

그저 내 편이라는 것만으로

하나님 아버지!
오늘 아침부터 비가 오네요.
마냥 내릴 것처럼 꾸준하게 오고 있습니다.
각가지 우산 속에서
비를 피하며 오고 가는 사람들을 보면서,
참으로 어쩔 수 없이 겪어야 하는
인생의 비. 바람을 생각합니다.
아주 잠깐의 비도 피하지 못하고
맞아야 하는 우리 모두의 삶입니다.

평범하게 하루하루
살아가는 것 같은데
그 나름대로 문제를 안고
평범치 않게 가고 있습니다.

우리 모두 무엇을 향하여,

무엇을 위하여 살아가는 지요?

내가 이세상에 존재하는

이유를 알고 살아가는 사람이 얼마나 될까요?

하나님 안에서 그 의미가 있습니다.

친한 친구한테도,

하물며 남편에게도,

자식에게도 못하는 많은 말을 …

이렇게 하나님께 할 수 있어 감사합니다.

무슨 말이든지

수시로 할 수 있어서 너무 감사하고,

답을 안 주셔도 그대로 너무 좋고.

그저 내 편이라는 것만으로
마음 가득 행복하답니다.

기다리고 기다린다 해도
지루하지 않아 좋습니다.
애타게, 힘들어도,
그곳에 계시니까 너무 좋습니다.
나보다 더 나를 잘 알아주시니
세상의 모든 것 하나도 부럽지 않아
하늘만큼 좋습니다.

아주아주 작은,
그리고
아주아주 커다란

거인이 된 것 같습니다.

다르기 때문에 감사

하나님 아버지!
요사이 '다르다'는 말에 아주 많이 감사하고
그 말의 매력에 빠져 있습니다.
하나님이 가르쳐 주신 언어인 것 같습니다.

다르기 때문에 이해가 되고,
다르기 때문에 참을 수 있습니다.
다르기 때문에 더 위로가 되고
더 여유있게 배려할 수 있음을
알게 되었습니다.

삶이란 다 같은 것,
다 같은 공식에 대입하고
그 공식에 따라 웃고 우는 것이라 생각했는데,

'다르다'는 삶의 언어가 너무나 좋아서
다르다는 것 때문에
다 이해할 수 있고
다 포용할 수 있고
다 사랑할 수도 있을 것 같은
여유를 갖게 되는 지금입니다.

하나님!
다르다는 것 때문에 슬퍼했고
불행했던 마음이 이렇게 바뀌도록
지혜 주신 것을 정말 감사합니다.

다 같아야 되는 줄 알았습니다.
남이 가진 것,

남의 행복,

남이 가진 기쁨이

모두 나에게도 있어야 한다고 생각했습니다.

이것이 나의 커다란 착각이요, 실수였습니다.

그래서 방황하고 슬퍼했던

큰 이유였습니다.

이해할 수 없었던 사람까지도

다르다는 이유를 적용하니까

미운 마음이 안 생기고

그럴 수 있겠구나 이해가 됩니다.

'다르다'는 이 한마디가

얼마나 많은 평안을 주는지요.

아주 작고 작은 것까지도 간섭하시는
하나님은 너무 멋진 분이십니다.

내 삶, 내 생각,
내가 하는 언어와 행동만 옳다고
주장하는 것보다
남의 것, 남의 생각, 남의 삶의 옳음을
인정하고 배려해야 했음을 ……

그래서 '다르다' 라는
언어는 하나님께서 가르쳐 주신
언어인가 봅니다.
다르니까 행복합니다.

얼마나 가야 세련될까요

하나님 아버지!
하루는 길어서 힘든 것 같은데
왜 1년이란 세월은 빠른 지 모르겠습니다.

아침 안개 같은 것이 우리들의 인생이라던데
내일을 잘 살겠다고
오늘을 힘들게 사는 우리들의 모습이
마냥 안쓰럽기만 합니다.
모르는 내일을 위해 많은 것에 집착하며
애써 힘들어합니다.

이것이 우리들의 삶의 욕망, 욕심이었습니다.
또한 이것이 삶의 원칙이라고
나름 이해했습니다.

하나님이 허락하시는 시간까지

우린 열심히 최선을 다해

살아가야 함을,

싫어서 그만 둘 수 없는 인생의 길,

산을 넘으라 하시면

산을 넘어야 하고

광야를 지나라 하시면

광야를 지나야 하는 것,

또 바다를 건너고,

평야를 지나갑니다.

세월에 붙잡히지 않고

그 세월 역시 지나갑니다.

그리고 마침내

천국의 문 앞에 다다라야 함을

이 모든 것 다 알 듯한데
막상 현실에 부딪치면
바보가 되어
하나님을 잃어버리고
문제만, 고난만 들여다보는
저의 어리석음은
얼마나 가야 세련되게
고난이라는 숙제를 풀 수 있을까요?

그리고 이 모든 것, 기쁨도, 행복도,
정말로 싫은 고난도
다 하나님 계획안에 있는 프로그램이라서

순종하며 따라가면 분명히
내게 가장 좋은 것,
내게 가장 선한 것,
또 내게 가장 필요한 삶을 주실 것을
굳건히 믿으며 하나님을 바라봅니다.

바라보는 것이 너무 좋습니다.
하나님!
조건 없이 마냥 어린아이처럼
모든 소망을 안고 바라보는
순수한 눈빛이었으면 좋겠습니다.

사랑합니다

사랑합니다!
하나님 아버지!
아주 많이요

이렇게 마음 놓고 고백할 수 있어
정말 좋습니다.
되돌아오는 메아리가 없어도
참으로 좋습니다.

사랑하는 마음을 갖는다는 것,
사랑할 수 있는 대상이 있다는
그 기쁨,
그 희열이
너무나 감사합니다.

몸과 마음이 '부~웅!' 하고 솟아올라
부풀어 오른 풍선 마냥 하늘을
날아갑니다.

젊었을 때는 사랑받는 것이 좋았고
사랑받으려 애썼는데
사랑받지 못할까 봐 마음 졸였는데
사랑받지 못함이 큰 단점 같아
실망하고 힘겨워 했는데 ……

언제부터 인가
아마도 지나온 긴 세월 덕분일까?
인생의 노숙함?
아니면 나도 모르게 하나님의 말씀 안에서

깨달음이었을까?

사랑 받으려 하는 것보다
사랑을 주려는 마음이
더 큰 기쁨이고
누군가를 무엇인가를 사랑할 수 있다는
그 기쁨이 더 커다랗게 자리 잡았습니다.
내가 더 많이 사랑하는 것이
자랑스러워서
내가 더 사랑한다고 말할 수 있음이
더 자랑스러워졌습니다.

사랑합니다.
이 모든 것을.

누군가 나 때문에 편해지고,
나 때문에 즐거워지고 평안을 느낀다면
아마도 넉넉히 그들을 사랑할 것입니다.

내 조그만 마음이 도움이 된다면
내 조그만 배려가 행복을 나눌 수 있다면
사랑받기보다는 사랑하는 편을 택하려 합니다.
비록 짝사랑이라 할지라도 …

나는 늘상 어떤 고난 속에도
믿음으로 인한 희망을 선택해
기쁨의 길을 가려고 했듯이
사랑하는 쪽이 더 아름다울 것 같아
그리하렵니다.

내가 곧 해줄 수 없을 때가 올 것이고

또 상대편이 사랑을 다 받아 줄 수 없을 때가

곧 올 것이므로,

오늘을,

지금을,

사랑하면서 사랑할 수 없는 모든 것까지도

사랑할 수 있도록

인도해 주세요.

하나님 아버지!

아주 많이 감사합니다.

사랑할 수 있는 마음을

허락해 주셔서요.

얼마나 기다려야 하나요

기다림,

하나님 아버지!

얼마나 기다려야 하나요.

세상은 보이지 않는 작은 바이러스로

무너지고 흩어지며

수렁에 빠지고 있는데,

목사님께서 늘 말씀하셨습니다.

'하나님의 때와 생각은 우리들과 달라

기도 응답받는 때가

내 마음대로 내 생각대로가 아니라

하나님의 계획 안에서

가장 최선의 것으로

최상의 시간에

응답 주심을 믿으며

기다려야 한다'고 하셨습니다.

시간을 돌이켜 보면 참으로 어떤 방법으로든

어떤 순간을 통해서

내가 원했던

우리가 원했던

모든 기도를 다 들어주셨는데

왜 지금의 문제,

지금의 고통,

지금의 소원을 들어주시지 않고

하나님, 침묵하고 계신 것 같아

문득 두려움이 몰려옵니다.

또 이 시간이 지나고 먼 훗날,

오늘을 돌아보면

하나님이 해결해 주시고,
우리들의 기도를 다 들어주셨음을
뒤늦게 깨닫고
감사의 기도를 드릴 것이 분명한데 ……

눈앞의 성공과 이익에 매달리면
미래를 기약할 수 없듯이
기도의 응답은
하나님의 방법인 것을 알면서도
우리는 인내하지 못합니다.

우리는,
나는,
지금을 참아내지 못하는

참으로 어리석은 저희들입니다.
얼마나 시간이 가야 하나요?
얼마나 기다려야 참 평안을 갖게 되는 걸까요?
나 자신을 다독이며 애써 감추며
평안한 것 같이 조용해집니다.

마음속에는
끝없이 절벽에서 떨어질 것 같은
소용돌이가 있음에도 불구하고
애써 감추고 또 감추어서 포장합니다.
아닌 것처럼 …

하나님 아버지!
참으로 딱한 제 모습입니다.

언제나

모든 것을 믿으며

모든 것을 바라며

모든 것을 기다릴 수 있을까요?

하나님 아버지!
삶이란 참으로 어려운 숙제인 것 같습니다.
잘 살아도,
행복해도,
때로는 감정 표현도 못 하고
마음의 고요함도 찾지 못한 채
끙끙대며 살고 있는 것이
우리네 인생 같습니다.
정말 어려운 숙제입니다.

마음은 하루에도 골백번 왔다 갔다,
때론 천국에,
때론 지옥 같은 마음이
수없이 교차하고

남편이 즐거워하면 나도 즐겁고

딸이 웃으면 나도 웃고

남편이 힘들어하면 나도 힘들고

딸이 힘들어하면 나도 지옥 같은 마음이 되고,

이렇게 나 때문이 아니고

주위 사랑하는 사람들의 희로애락에 따라

나의 희로애락이 교차되었던 삶이

자연스럽게 내 삶이 돼 버린 것이

얼마나 오래인지 모르겠습니다.

이제는 세련되어져 좀 덜 하련만

여전히 똑같은 삶 속에

나를 잊어가곤 합니다.

다 내려놓고는
나 몰라라 하면 좋겠다고 했습니다.
그러나 또 여전히 그 짐을 지고 있습니다.

언제쯤 세련되게,
멋지게
하나님 보시기에 흡족하시도록
삶이라는 문제를 풀수 있을까요?

이다음 하나님 아버지께서 물으시면
잘 살았노라고 대답할 수 있을까요?
무엇을 했느냐 물으시면
무어라 대답해야 하나요?
아무것도 한 것 없어

그냥 울기만 할 것 같습니다.

하나님 때문에
울고,
웃고,
사랑하고
사랑받고
삶의 긴 터널을
지날 수 있었습니다.
하나님 아버지!

사는 것 자체가 기적입니다

오늘 새벽 기도 시간에
기적에 대해서 말씀하셨습니다.
기적이라는 단어를 곰곰이 생각해 보았습니다.

생각지도 못한,
예기치 못한,
불가능할 수밖에 없던 것,
무에서 유를 만드는
하나님이 행하셨다고 믿어지는,
정말 불가사의 한 일이 일어남을 뜻한다고,
괴이한 일, 신기한 일이 일어남을
우린 기적이라 하고
모두 기대하고 즐거워하며
더 큰 기적을 원하곤 합니다.

하지만 하나님 아버지!
기적은 어쩌다 괴이하게
특별나게 일어나는 것이 아니라
매일매일 매 순간 살아가는 삶 그 자체가
기적이라 생각한다면 괴변일까요?

삶 자체,
단 1분 후 도 모르고,
생과 사의 갈림길이
늘 도사리고 있는 현대 문명에서,
세상의 악에서
자유로울 수 없는 우리들의 모든 삶에서
하루하루 살아냄이
기적이라 생각합니다.

내가 사는 삶,

내 식구가 사는 삶,

내 주위의 모든 사람의 삶,

이 모두가 기적이라고 생각합니다.

이렇게 저렇게 다 다른 삶이지만

산다는 것은 다 기적같이

놀라운 일입니다.

하나님 아버지!

감사합니다.

언제나 보살펴 주시는 은혜로

우리 모두 매일의 기적을 체험하며 삽니다.

삶 그 자체가 기적임을 고백합니다.

사는 삶 그 자체가 기적이오니

무슨 기적을 더 바랄 수 있을까요?

기적은 늘 일어나고 있는데.

2부

이 땅에서도 천국이면 좋겠어요

하나님 아버지!
죽어서 천국 가는 것이 아니고
이 땅에서도 천국이었으면 좋겠습니다.

아름다운 인생 그림을 그리며

은행잎이 노랗게 물들고,
가깝고 먼 산에
울긋불긋
아주 예쁘게 옷을 입고 있습니다.
어찌 이리도 아름다운지요.

짙은 초록색을 바탕으로 노랗게, 빨갛게,
자기 나름대로의 색깔 옷을 입으며
마지막을 한껏 뽐내고 있습니다.
곧 겨울이 오고 있음에
마지막 남은 시간까지
최선을 다하여 살았노라고.
후회 없이 잘 살았노라고
자신 있게 얘기할 것을 온몸으로

보여주고 있습니다.

아 ……
우리들의 삶은
인생의 황혼기를 맞은 지금
왜 마음은 즐겁지만 않은지 모르겠습니다.

아름다운 황혼을 보내며 정말로 아름답게
멋지게 남은 인생을 그려야 할 터인데
또 어떻게 잘 죽을 수 있는가도
생각해야 하는데
아직도 세상에 젖어 있어서
걱정, 두려움, 슬픔, 외로움, 고통 등의
단어를 떠올리고 있음이

한심하기만 합니다.

하나님 아버지!

하얀 도화지에 예쁜 그림 그리듯

아름답고 진실 된 그림만을 그리며

살고 싶었는데 ……

그렇지 못한 얼룩진 그림을 그리고야만

지난날을 돌아보며,

남아있는 날 만이라도

정말 아름다운 그림을 그리며

살고 싶습니다.

사랑의 빚만 지면서

사랑만 하면서

아름다운 그림만 그리면 좋겠습니다.

'그냥 좋아요'라는 말만 하면 좋겠습니다.
'모든 것 다 좋아요'라는 말만 하면 좋겠습니다.
'감사합니다.' '미안합니다.' '사랑합니다'
라는 말만 하면 좋겠습니다.

하나님!
늘 무엇을 해달라는 기도가 아니라
그냥 좋아요,
사랑해요,
그냥 감사해요,
그냥 ……
그냥 ……
이런 기도였으면 좋겠습니다.

보이지 않는 것들에 대한 행복감

하나님 아버지!
이렇게 조용한 시간이 생기면
편안한 마음으로 편지를 쓰고 싶습니다.
그리고 많은 것을
하나님께 물어보고 싶습니다.

하나님 아버지!
행복이란 무엇인가요?
눈에 좋게 보이는 것
물질, 환경, 명예, 권력인가요?
보이는 것에 비례해서 생기는 마음인가요?
그런 건가요?

그냥 막연히 기쁘고 즐겁고

좋다, 좋다 하는, 아무 걱정 없는 마음,
하얀 목화송이처럼 부드럽고, 따뜻하고,
그리고 한없이 넓고 포근한
하나님의 가슴에 얼굴을 파묻는
그런 감정을 느끼는 것이라고 하나요?

'보이지 않는 것에 대한 행복'이라는 단어를
생각해 봅니다.
볼 수 없는 것, 보이지 않는 것,
느끼는 마음, 생각,
살아가는데 필요한 모든 만물 간의 관계,
바람, 공기,
사람과의 관계 ……
알듯 말듯한 많은 단어들,

보이는 대상에 대한 행복이 아니라
볼 수 없는 것에 대한 행복감이
더 고귀하다는 것,
더 중요하다는 것,
더 한층 행복하여
구름 속에 떠오르는 듯한 행복감
이런 것들을 상상해 봅니다.

인생의 길은 두 갈래입니다.
'안'은 나를 향한 것이고
'밖'은 미지의 행성을 향한 것입니다.
그곳에서 쉼과 안식과 말씀의 치유를
경험하면서 마음이 풍요로운 것이
행복 자체일 것입니다.

이제 이 세상 무엇보다도
"네 마음을 지키라"고 하신 말씀
고이 간직해 보렵니다.

모든 것
하나님 품 안에 있으니
분명 우리 모두 행복할 것입니다.
이래도 되나요?
하나님 아버지!

하나님, 너무 부끄럽습니다

봄이 가고 여름이 가고
가을이 가고 겨울이 갑니다.
이렇게 시간이 가네요.

하나님 아버지!
우리 인간들 스스로
자기 삶을 주관하며 사는 것 같아도
자연의 법칙에 따라 살아가야 하는
아마도 가장 약한 존재가 아닐까 생각합니다.

하나님께서 모든 것을 창조하시고
모든 것 예비하시고
모든 것 일러주시고 또 일러주시는 말씀,
머리로도 알고 가슴으로도 알면서

실천하려면 왜 그리도 많은 시간을
우리는 허비할까요?

우리의 삶에는 단계가 있는 것 같습니다.
나만의 시간을
나만의 자유를
마음대로 만끽하고 싶은 시간
그럼에도 불구하고 막연하고 불안한 감정을
숨길 수 없는 것을 깨달을 때까지의 시간
창조주이신 하나님의 지혜를 구합니다.

하나님을 사랑한다고,
하나님을 안다고 하면서
아직도 돌 짝 밭에 뿌려진 믿음의 씨앗처럼

문제에 부딪치면 나도 모르게

내 편한 대로

내가 하기 쉬운 대로

결정해 버리고는

그럴 수밖에 없었노라고,

그것이 그때에는 최선이었다고

변명하면서

내 행동을 미화시키고

내 편한 대로 정해 놓고,

고통과 절망감이 나에게 들어올 때

비로소 기도하며 매달리는 행동을 반복합니다.

그리고 또 까마득하게 잊어버립니다.

무슨 변명이라도 해야 할 것 같은데 ……

아무 할 말이 없는
부끄럽기 짝이 없는
지난 세월이 너무나 많이 창피합니다.
적어도 하나님이 싫어하시는 일
하나님이 슬퍼하시는 일과 행동은
하지 말자고 다짐합니다.

이렇게 아직도 소극적인 제 모습을
하나님은 보아주실까요?
기다려 주실 건 가요?

이 땅이 천국이면 좋겠습니다

하나님 아버지!
친구 시아버님이 돌아가셨다는
연락을 받았습니다.
늘 조용히 집안을 지켜 주시던 모습이
선하게 떠오릅니다.

죽음에 대해 생각해 봅니다.
그저 모든 것 다 두고 떠나는 것.
홀가분하게 모든 짐 벗어버리고
여행 가는 영혼 같은데
왜 이리도
마음이 짠하고 슬픔이 고이는지요?
잔잔한 슬픔이 밀려옵니다.
누구도 피할 수 없는 길임을 알면서도

마음 한구석에는

삶의 미련이 끈적하게 붙어 있어서,

더 살고 싶은 욕망,

아프고 싶지 않은 바램,

조금만 이상을 느껴도

염려가 앞서는 나약함을

어쩔 수 없이 우리 모두 갖고 있는 마음입니다.

죽음이란,

그 누구도 피하지 못하고

거부하지 못하며

온몸으로 맞아 들여야 하지만

그때까지 우리들은

소박한 삶에 깃들여있는

행복조차도 누리지 못하고
힘겹게 살아갑니다.

그리한 후,
포기하는 순간이 또 오고야 마는
우리들의 길입니다.

크고 작은 모든 문제가,
얼마나 많은 사람이 힘들어하며 슬퍼하면서
살아가는 지요.
과학과 의학이 발달해도 죽음이란 병은
어쩔 수 없는 것.
해결될 수 없는
우리들의 가장 큰 두려움입니다.

하나님 아버지!
죽어서 천국 가는 것이 아니고
이 땅에서도 천국이었으면 좋겠습니다.
병도 없고 죽음도 없고
걱정도 없고 미움도 없고
서로 사랑만 하고 좋아하며
모두 행복했으면 좋겠습니다.
다 천국에 있으면 좋겠습니다.
얼마만큼 마음을 비우면 될까요?
얼마나 어떻게 해야 하나요?

하지만 하나님 아버지!
이 또한 하나님의 계획안에 있는 선한 뜻이므
로 모든 것 행복합니다.

저는 아직도 멀었네요

노란 은행잎이 자꾸 많아지고
빨간 단풍도 경쟁하다시피 물들어 가고
온 세상이 물들어 가고
하늘도 높아지고 ……
진짜 가을이 가고 있습니다.

단풍이 곱게 하늘에 그려지고,
낙엽되어 땅에 뒹굴면,
감상에 젖어 되돌아 봅니다.
'난 올해 무엇을 했을까?' 하지요.
많은 일과 많은 즐거움이 있었을 터인데
힘들었던 순간이 먼저 떠오르는 것은
참으로 어리석음입니다.

그 모든 순간이 무사히 지나,
나 여기 서 있을 수 있음은
그때마다 도와주시고 지켜 주시며
지혜를 주셨던
하나님의 놀라운 은혜였음을 고백합니다.

또한 평안 뒤에 숨어 있는 고통이 있다 해도
모른 척하고 그 평안을 즐기려 합니다.
그렇습니다.
하나님이 계시기에
우리는 평안을 누릴 수가 있습니다.

어린아이같이 내게 없다는 것 때문에,
남에게는 다 있는 것 같은데,

내게는 아무것도 없는 것 같아서,
그 없는 것 때문에,
잠깐잠깐 밀려오는
고통과 외로움이 지나가곤 합니다.

하지만 다르다는 것 알게 된 후로는
금방 추스르곤 합니다.
그리고 '욕심 많은 저를 용서해 주세요' 하고
중얼거리곤 하지요.

어쩔 수 없는 저를 보면서
아직도 아직도 멀었구나 합니다.
얼마나 지나야
하나님께서 보시기에 좋았더라 하실까요?

어찌해야 하나요?

늘 안타까운 마음이랍니다.

하나님 아버지!

이젠, 죽음을 생각합니다

언젠가
"2년 후에 죽을 수 있다는 사형선고를 받으면
넌 무엇을 가장 하고 싶니?" 하고
친구가 물었습니다.
문득 내뱉은 대답은
"하던 일 아무렇지 않게 하면서
전도하는 일에 집중하고 싶다."라고
무덤덤하게 대답했습니다.

되돌아보니 '내가 할 수 있는 한도 내에
다 해본 것 같으니까,
수없이 많은 환자도 보았고
실컷 행복도 했고
실컷 마음 아파보기도 하고

때론 많이 불행하다고 슬퍼해 보기도 하고
희로애락 다 겪은 것 같으니까,
70이 넘은 이 나이에
무슨 아쉬움이 있을까?' 했습니다.

하지만 그것은 우아한 거짓말이었습니다.
젊은 시절엔 이렇게 무서운 착각을 했지만
요즈음 나 자신을 돌아 보면서
죽음을 생각하게 됩니다.
나이가 들수록 삶에 애착을 느끼며
궁색한 변명을 늘어놓는
제 모습을 발견합니다.

막연하게 생각하는 것보다

실제로 와닿는 모든 문제에는
얼마나 많이 인색하며
얼마나 많이 못난 모습을 연출하는지요.
그래서 결론은 '모르겠다' 하는 것이 정답인데
우아하게 거짓말했던 그때를 생각하며
살며시 부끄럽습니다.

어느 순간도
어떠한 일도 직접 겪어 봐야만
진실한 대답일 터인데
주어진 것이 최선인 것을 알고 있으면서도
이 핑계 저 핑계로
부정하면서 살아가는 것이
우리의 모습이 아닐까요?

골리앗보다 더 무서운

나 자신과 싸우면서

아주 세밀한 것까지 예비해 주신

하나님을 따라 가야만 하는 것이

우리입니다.

그때마다 최선을 다하는 것이 정답이고

사람마다 그 정답은 다 다를 것입니다.

아무것도 비판하지 말고

하고 싶은 말을 하지 말고

해야 될 말을 하라 하신

말씀이 생각납니다.

아주 세밀한 것까지 예비해 주신 하나님을 따

라갑니다.

내가 할 수 있는 것은
아무것도 없음을.
생각도,
행동도,
마음도,
다 주님의 것이었어야 합니다.
하나님 아버지!

하나님의 은혜는 맞춤형이다

연이어 날씨가 추워서
온 세상이 꽁꽁 얼어붙은 것 같습니다.
유독 오늘 새벽 기도 시간이 추워서
몸속까지 배어드는 추위가 싫다 했는데
목사님 설교 말씀 시작되면서
그 은혜의 말씀이 가슴에 와 '쾅!' 두드리자
언제 추웠던가 그만 잊어버렸습니다.

'하나님의 은혜는 맞춤형 은혜라
각 사람마다 그 모양과 모습이 다르다고,
일반화의 오류를 범하지 말라'고 하셨습니다.
남이 받은 은혜, 간증, 부러워하며
나를 비교하며 초라함을 느꼈던 적이
얼마나 많았을까요?

그에 비해 난 얼마나 볼품없고
아마도 하나님이 날 알아주시겠냐고,
저 안 보이는 구석에서
겨우 한 발짝 걸음마 하는 어린아이처럼,
소극적으로 쫓아가는,
내 모습이 그만 싫어지시면 어찌하냐고
투정 아닌 투정을 부렸던
내 모습이 얼마나 우스운지 모르겠습니다.
이런 모습이 참으로 부끄럽기만 했는데 ……
아, 이것이 내 몫이구나 하고
마음속으로 끄덕였습니다.

'기도의 응답도
내 방법이나

내가 원하는 대로가 아니라
하나님의 방법대로 역사하시므로
그대로 맡겨두라' 하셨습니다.

내가 생각한 것보다
더 선하고 더 좋은 것으로
그리고 더 좋은 방법으로
저보다 더 큰 손으로
주시는 하나님의 계획이 있기 때문입니다.
"하나님은 세상을 이처럼 사랑하사 독생자를
주셨으니 ……."
말씀을 외우면서
하나님의 크고 큰 은혜에 감사하며
찬양합니다.

아시지요. 아시지요. 아시지요. 주님!

아시지요. 아시지요. 아시지요. 주님!

찬양합니다.

감사합니다.

감사합니다.

무슨 말을 더 할 수 있을까요.

하나님 아버지!

우리는 얼마나 자유로울까요

푸드득푸드득
예쁜 새 두 마리가 앞서거니 뒤서거니
하늘을 가르고
이 나무 저 나무로 날아갑니다.
주위의 모든 나뭇가지들도 숨죽여
그들의 자유로운 비상을 보고 있습니다.

창밖의 모습을 바라보며
드넓은 하늘을 바라보며
자유로움을 만끽합니다.
저 새들처럼,
얼마나 우리는 자유로울까요?
진정한 자유를 위해
얼마나 많은 것을 노력하고 갈망했을까요?

모든 문제들,
삶과 죽음까지도 자유로울 수 있다면
얼마나 행복할까 했습니다.

어느 날 진정한 신앙,
진정한 믿음 안에서
자유를 얻을 수 있음을 알게 되었고,
모든 것 하나님께 맡기니
걱정, 염려, 두려움, 아픔,
다 하나님 발아래 내려놓으니
몸은 가벼워져 날개가 달린 듯 새처럼
날아갈 듯합니다.

모든 것 다

내가 지고 가야 하는 십자가라고 낑낑거리며
왜 이리 힘드냐고 투정했던 순간이
우습기도 하고 어리석기도 하고 …….

온전히 내려놓지 못해
항상 한 쪽 끝이 기울어져
보기 흉한 모습으로
이제껏 끌고 왔던 것입니다.
이제는 하나님 안에서 모든 것 맡기고
나비처럼 가볍게,
때론 독수리처럼 힘차게
비상하려 합니다.

삶, 죽음 다 그런 것 …

지나가는 정거장 같은 것
그래서 다 놔두고
날아오를 것 같습니다.

이렇게 가득 마음먹고는
또 내일 다른 십자가를 가지고
낑낑 거리지 않으면 좋겠습니다.
그리하여 훗날
하나님이 보시기에 좋았더라 하시면
얼마나 좋고 행복할까요?

온전하게 순종하기를
기도드립니다.
하나님 아버지!

따뜻한 봄날은 어김없이 올 것입니다

무언가 다시 시작하는 마음으로
오늘을 시작합니다.
하나님 아버지!
새벽 기도로 아침을 여는
익숙한 모습으로 시작합니다.
이렇게 다 살게 마련이라 합니다.
매일매일 이별을 하고 산다고 합니다.
이별을 매일 하면서 살고 있는 것도 모르면서
마냥 세상 끝까지 살 것 같은
마음만 가득했는데 ……

세월이 머리를 하얗게 하고 있는데
난 그냥 18세 소녀인 양
이 꿈 저 꿈을 꾸어 봅니다.

올해는 따뜻한 봄이 빨리 올까요?
푸르름이 가득하고
온갖 예쁜 꽃들이 여기저기 피어오르고
하늘엔 흰 구름 두둥실 떠 있고
따뜻한 봄바람이 얼굴을 스치고,
그리하여 내가 살아 있음에 감사하고
행복했던 지난 모든 시간들이
똑같이 오기를 바랍니다.

희로애락이 번갈아 일어나는 인생길에는
생각지도 못하는 모든 참사와
보이지 않는 바이러스로 무너지고 있는
어이없는 상황이
희망보다 절망이 앞서게 합니다.

하지만 따뜻한 봄날은
어김없이 올 것이고
라일락 꽃봉오리가
분명 향기 나는 예쁜 꽃을 피울 것이고
파란 하늘 아래 따뜻한 봄바람이
다시 내 얼굴을 스칠 것입니다.

지나온 삶의 무게만큼 굵게 팬 주름살이,
가족을 품고 가는 나만의 길
크고 작은 강과 바다, 산을 넘었던
수많은 시간들
그 가운데 더 깊은 의미를 가진 행복감,
감사함을 주님 안에서 경험하게 됩니다.

하나님한테

적어도 몇 발자국은 더 가까이 갔으리라고,

적어도 이제는 내 뜻, 내 생각이 아니라

하나님 뜻대로

하나님의 허락하심 안에서

모든 것이 가능함을 알게 된

지금이기 때문입니다.

아주 많이 감사합니다.

하나님 아버지!

작아지다 못해 안 보일 수 있다면

날은 많이 춥지 않은 데
흰 눈이 오락가락 …
음산한 주말입니다.
바람이 불어 옷 사이로 스며드는데 ……

아, 바로 그 옛날,
"뼈를 시리게 한다."고
돌아가신 친정어머님이 하시던 말씀이
생각납니다.
늙으니까 무거운 옷도 싫고
스며드는 바람도 싫다 하셨는데
뭐 그게 그리도 싫을까 했는데
이제 내가 그 소리를 툭하면 하게 되는
그 나이가 된 것입니다.

삶의 법칙인 것처럼

옛 어른이 하셨던 그 말씀들이

한 조각 한 조각 어쩌면 그리도 잘 맞는지.

인생의 선배님들이 늘어놓았던

그 잔소리가

이제는 이 모양 저 모양으로

닮아가고 인정하는 소리가 되어가고 있습니다.

하나님 아버지!

똑같은 삶이,

아니 똑같지 않은 삶들이 다 어울려

정답은 늘 하나로,

결국에는 가장 평균이 되는 하나로

모아집니다.

요동치던 마음이 고요해지면
놓치고 있던 것들이 선명하게 보여서
마음의 여유가 깃드는 것처럼.

나중에는 한 골목길에서
다들 다시 만날 것 같은데
왜 그리도 비교하며, 비판하며,
흉보고, 싸우고,
그렇게 살았는지 모르겠습니다.
그저 한 치도 안 되는 차이 일뿐,
무게를 재면 다 똑같은 것임에 불구하고
왜 그리도 심각했을까요?

살며시 웃음도 나오고

후회도 되고 창피하기도 하지만
또 그리움도 있습니다.

꽃은 시들고 나뭇잎은 떨어지지만
내 가슴속에 영원히 피어나는 하나님의 사랑,
그 사랑 앞에
참을 수 없는 것까지 참으며,
할 수 없는 것까지 하면서
여유롭게 살아가기를 소망합니다.

이제 내 자신의 작은 모습이 보이지 않게
그렇게 살아보려고 노력해도 늦지 않았나요?
하나님 아버지!

3부

다 그렇게 사는 줄 알았어요

착하게, 열심히 노력하고, 성실하게, 매일 살면 잘 사는 줄 알
았습니다. 욕심내지 않고 크게 잘못하지 않으면 그냥 그렇게
살아도 좋은 삶이라고 생각했습니다. 삶은 그냥 그렇게 살아
가는 것이라고 생각했습니다.

하나님, 다 아시지요

하나님 아버지!
이렇게 간간이 편지를 쓰면서도
왜 이리도 하나님께 드리고 싶은 말이,
묻고 싶은 말이
많은지 모르겠습니다.

늘 마음속에서
많은 얘기들을 하나님께 드립니다.
글로 옮기자니 글 솜씨가 짧고,
표현력 부족해 다 쓰지 못한 채
새벽 기도 시간부터 잠들 때까지
수없이 많은 마음을 허공에 날려 보냅니다.

아주 미묘한 나쁜 마음까지도,

때론 못난 생각도,

하나님은 다 아시지요?

삶은 늘 문제의 연속인 줄 알면서도

나약하고 얼마나 제멋대로이고

얼마나 겁쟁이이며,

얼마나 이기적인지

다 아시지요?

걱정 염려 다 내려놓았다고 하면서

겉으로 많이 포장하면서 아니라고 하지만

정말 의미 없는 작은 일까지도 걱정하는

그래서 시간이 지나고 나면

정말 염려할 필요 없는

의미 없는 걱정이었음을

깨닫고 나면
세밀하신 하나님이
이미 다 해결해 주셨음을 알고 난 후에야
비로소 내려놓는 어리석음을 반복합니다.

그러면서도 내일을 모른다고
왜 내일을 모르게 하셨냐고 원망하며
따지기도 합니다.
언젠가 내일을 미리 알면 참 좋겠다 했습니다.
하지만 잘못된 생각임을

내일을 모르게 하신
하나님의 계획과 은혜에 너무 감사합니다.
아마도 우리가 내일을 안다면

얼마나 많은 두려움과 걱정과 염려로
오늘을 힘들게 살까요?

아 ……
이것 역시 하나님의 사랑과 은혜 안에 계획된
프로그램이었습니다.
오늘의 삶에 최선을 다합니다.
오늘이 내일을 만들어 나가리라 믿습니다.

삶의 배움은 끝이 없어서
죽는 순간까지도 배워야 하나 봅니다.
언제나 모르는 것이 더 많은 '나'이므로
침묵해야 함을
다시 한번 되뇌어 봅니다.

내일을 모르니까.
모르는 새로운 길에서
더 값진 경험을 맛볼 수 있고
더 용감해 질 수도 있고,
더 행복할 수 있음도 ······.

우리는 하나님의 은혜로
하늘의 생명을 얻고
영생의 삶을 산다는 것에
감사의 고백을 드립니다.
하나님 아버지!
다 아시지요?
그리고 다 보고 계신가요?

이 얄궂은 마음 어찌 하나요

오늘 새벽 기도에서
'최후의 승리'라는 말씀을 하셨습니다.

오늘은 고난이고 눈물이고 답답함이 있어도
최후의 승리가 반드시 올 것이니
하나님의 은혜만 바라며
열심히 기도하며 최선을 다해 살라 하시는
설교 말씀이었습니다.
아주 많이 위로되고 평안을 주셨습니다.

하지만,
하나님 아버지!
마음 한구석에
"왜 이 고난, 이 눈물을 주시나요?" 하고

다소는 원망스러운 마음과 섭섭한 마음이
도사리고 있음을 고백합니다.

수없이 그렇게 일러주신 말씀,
귀가 닳도록 듣고 들었는데
그래서 다 알고 있는 것 같았는데
당연히 그러리라 생각했는데
막상 내게 다가온 고난은 왜 이리도 힘들고,
피하고 싶고,
아니었으면 좋겠고,
끝내는 "하나님! 왜 내게 이 고난을 주시나요?"
라고 묻고야 마는
이 얄궂은 마음은 어찌하나요?

참으로 쉽게 무너지는 모습이
그동안 쌓였던 믿음이
이것밖에 안되냐고 자책하게 됩니다.
그리곤 다시 회개합니다.

하나님을 떠 올리면서
아주 천천히 지난 시간을 되돌아보면
어느덧 마음이 씻기는 치유의 순간이
내게 다가옵니다.
이것이 바로 하나님의 은혜가 아닌가요?

이제껏 하나님의 긍휼하심과
은혜로 살아왔는데
감사, 감사, 늘 감사하다고 했는데

이 고난이 싫어서
도망가고 싶어서
원망하는 일이 없도록
인도해 달라고 기도드립니다.

무너지는 마음이 행여나 실수,
또 다른 실수를 할까 봐
이리저리 궁리하는 마음까지도
잡아 주십사 기도드립니다.

힘들고, 슬퍼도,
속상해도,
하나님 가라 하시니까 가야 한다고
순종의 마음을 먹습니다.

또한 모든 고난 속에
하나님이 계획하신 축복이
숨겨져 있음을 알고 있으니까
또한 하나님의 선한 뜻이
분명 있음을 믿으니까
그대로 그 길 따라갑니다.

그 길 가면서도
"하나님 아버지! 꼭 가야 되나요?" 하고 묻는
아직도 어리석은 제 모습입니다.

이것이 제 삶이었습니다

일주일간의 휴가를 끝내고
다시 병원 제자리에 돌아왔습니다.
휴가 동안 뚜렷한 일 없이 바빴고
긴 낮잠을 자겠다는 바램도
이루지 못하고 지나갔습니다.
많이 피곤했습니다.
다시 병원에 돌아오니
제 옷을 입은 것 같고
제가 있어야 할 곳에 온 것 같아
마음이 편합니다.

소아과 전문의가 된 지 벌써 35년 지나면서
이 자리가
어느새 편안해졌습니다.

늘 아파하는 아기들과 걱정하는 엄마들,

그 사이에서 많이 힘들었던,

때론 많은 책임감으로,

때론 마땅한 사명감으로

치료한 아기가 온전히 나을 때까지

마음속 깊이 깔려있던 두려움,

생명에 대한 책임감.

불치병으로 힘들어하는

가슴 아픈 아기들.

이 모든 것으로 인한 책임감에

늘 눌려 있었는데

나도 모르게 이런 것들이

몸에 배어 있었고,

늘 받았던 스트레스가 내 옷처럼
잘 맞는다고 느낄 즈음에
또 이 자리를 떠나야 하는 것.
이것이 바로 내 삶이었습니다.

이 모든 것을 받아들이는 것 역시
하나님의 뜻이라 생각하고
긍정적인 마음으로
'괜찮아 괜찮아!'를
입속으로 중얼거려 봅니다.
"괜찮아! 괜찮아!"
이렇게요.

그러나 이 모든 것은 하나님의 은혜이며

영혼의 건강까지도 허락하심을 감사합니다.

이렇게 많은 시간이 지나고
머리는 하얗게 늙어 가는데
아직도 가끔 툭툭 생기는
시기, 질투, 못난 마음이
밑에 깔려 있는 욕심 많은
나임을 발견하고
나 자신이 싫어지는 순간입니다.

하나님께 가는 길이 좁은 문이라 하셨는데
왜 힘든지 정말 알 것 같습니다.
나 자신을 다 버려야 하는데
버렸다 했는데

아직도 속 깊숙이 숨겨 놓고는
아닌 척했습니다.
그것을 깨닫는 순간 너무 창피했지만
이 모습도 내 모습이니
어떻게 하나요?

다만 얼마 후 내가 의사 가운을 벗을 때,
그래도 아픈 아기들을 위해,
진정 의사로서
마땅히 아픈 아기들을 위해
사명을 다 했노라고,
환자를 위한 의사였노라고,
그 한마디만 남기를 바랍니다.
그리고 하나님이 허락하실 때까지,

열심히 최선을 다할 수 있도록
그리고 그 후에 선선히 이 자리를 떠나기를 기
도합니다.

하나님 아버지!
도와주세요!

나의 하나님! 그냥 좋아서 불러봅니다

"나의 하나님, 나의 하나님 아버지!"
이렇게 불러봅니다.
무언가 특별할 것 같고
무언가 더 세밀하게 보아주실 것 같아
이렇게 많이 속삭여 봅니다.
때론 감히 이렇게 부를 수 있을까 생각되지만
무조건 불러봅니다.

내가 불러보는 작은 외침이
하나님께 상달되지 않는다 해도,
그저 좋으니까 불러보고 또 불러봅니다.
그냥 좋아서, 그냥 좋아서 …
어린아이처럼 의미 없이
엄마를 부르는 것처럼

'나의 하나님… 나의 하나님…' 부르곤 합니다.

이래도 저래도, 그리 아니 하실지라도,
내가 원하는 것 해달라고,
졸랐던 것 해주지 않으셔도,
하나님 분명 여기 계시니까 그냥 불러봅니다.

기쁜 마음 가득 안고서 나의 하나님!
아픈 마음 가득 안고서 나의 하나님!
고통스럽고 힘들어 죽을 것 같아도
나의 하나님!
못나게 굴면서도 나의 하나님!
야단맞을 일을 하고서도 나의 하나님!
하늘을 보고 나의 하나님!

바람이 스쳐가도 나의 하나님!
떠오르는 붉은 태양을 보고도 나의 하나님!
아, 나의 하나님!
이렇게 되뇌고 불러보아도
또 부르고 있는 나의 하나님 아버지!

듣고 계시나요?
나의 하나님!

이것이 못난 제 모습입니다

기대하지 말아야 하는데
늘 기대하는 마음 때문에
같은 상처 수없이 받으면서도
건망증 환자인 양 또 기대합니다.

내 마음 내 물질
조금조금 주고는 기대합니다.
대단한 것 준 것처럼
크게 기뻐하며 행복해 하는
모습을 기대합니다.
화들짝 놀라면서
대단히 즐거워하는
모습을 기대합니다.
대단한 마음을 기대합니다.

하지만 생각보다 아니 때로는
아무 의미 없는 것처럼,
시큰둥하게 받아들이고 마는 상대편을 보면
좌절하고 슬퍼합니다.

마치 사랑을 구하려다 들킨 것처럼.
아니면 내 존재가 작아져서
보이지 않는 존재가 되어버린 것 같아
섭섭함으로 상처받곤 합니다.

하나님 아버지!
얼마나 어리석은지요?
얼마나 바보 같은지 모르겠습니다.

무엇을 기대하나요?

무엇을 받기를 원하나요?

마음 한 조각이요,

마음 한 조각은 관심받기 위함도 아니건만

때로는 불안감도 안겨주고,

때로는 관계까지도 흔들릴 때가 있습니다.

하나님 아버지!

제가 왜 이리도

어리석은지요?

하지만 이내 기대했던 내 마음이

잘못이었음을

고백합니다.

주고 싶은 마음과 물질이

이미 내 기쁨과 행복이 같이 있었음을,
늦게 알아차린 후에야
기대했던 내 마음이
참으로 어리석었음을 알게 된
지금입니다.

줄 수 있는 것이 받는 것보다
얼마나 많은 기쁨을 주는지 알기 때문입니다.
아마 아직도
이 작은 마음에 감사할 수 있음이
얼마나 소중한지 깨닫게 하신
하나님께 감사드립니다.

하지만 아직도 이 작은 마음 때문에

울고 웃곤 합니다.

다 알면서도요.

참으로 촌스러운 제 모습이지만

어쩔 수 없는 욕심이

이렇게 남아 있네요.

아버지!

어쩔 수 없는 인간의 속성인가 봐요

아니, 못난 제 모습입니다.

하루하루 살아내고 있습니다

하나님 아버지!
직면해 있는 문제를 하나하나 지나노라면
하루하루 그냥 살아가는 것이 아니고
하루하루를 살아내고 있습니다.
살아내야 하는 것,
어쩌면 치열한 삶의 시간이었음을 …
살아낸 70년이 넘는 시간이
그냥 살아왔음이 아닌
이제서야 '살아내야 함'에 더 의미가 있음을
알게 되었습니다.

태어나면 자라고 또 자라고
어느새 성년이 되어 지나가고 또 늙어가고
그냥 그렇게 살아가는 것 인양

그냥 시간에 떠밀려 흘러 흘러 강물처럼
가는 것이 아니라
좀 더 의미 있게 보람 있게
나름대로 설계를 했으면
인생의 끝에 더 멋지게 안착할 수 있을 터인데
좀 더 일찍 하나님을 만났다면
더 멋지게 삶을 설계할 수 있을 터인데
되돌아보며 안타까워합니다.

하나님께서는
우리가 잘 할 수 없는 일을 강요하지 않으시기
에 더욱더 안타까워하는 지도 모르겠습니다.

하지만 하나님!

더 늦지 않게 깨달음을 주신 것만으로도
너무 감사하고 너무 많이 행복합니다.
변치 않는 마음으로 늘 지켜봐 주시는
하나님의 사랑을 알기 때문에
내가 받은 이 큰 사랑을
누군가에게 전할 수 있다면
더 이상 바램이 없을 것입니다.

하나님과의 만남은
하루하루 살아내야 하는 삶을
충분히
평안하게
행복하게
살아가게 하실 것입니다.

하나님이 가르쳐 주신 마음입니다

회색빛으로 드리워진 저 하늘 아래
초록색으로 물든 나무와 숲들이
가득히 내 눈에 들어오는데
마냥 '감사합니다'를 되뇌입니다.

하늘이 있어 감사하고,
나무가 있어 감사하고,
풀이 있어 감사하고,
꽃이 있어 감사하고
그들이 다 초록색을 바탕으로 있는 지금,
그것마저도 감사합니다.

초록색의 온유함과 평온을 바라보며
또 한 번 하나님의 놀라운 계획과 그 이유가

너무나 감사합니다.

초록색을 바라보고 있노라면 평온과 온유함,
그 속에 있는 무한한 희망을 보며
무엇이든 그럴 수 있지,
그럴 수 있겠구나 하면서
모든 문제가 건성으로 쉽게 넘어갑니다.

분노할 이유도
시기할 이유도
슬퍼할 이유도 없이
마음은 그저 평안하게
한 페이지씩 넘어갑니다.
남은 마음도 초록색입니다.

믿음, 소망, 사랑,
한꺼번에 다 꺼내 놓습니다.
누군가가 또 무엇이, 어떤 일이
나를 힘들게 해도 초록색으로 물이 들어버린
지금입니다.
하나님께서는 말씀과 자연을 통해
우리에게 많은 깨우침을 줍니다.
그러다 보면 마음의 평안이
자연적으로 깃들게 됩니다.

"그럴 수도 있지,
그럴 수도 있겠다" 하고
이해합니다.
하나님이 가르쳐 주신 마음입니다.

하나님은 이미 다 알고 계셨습니다

늘 앉았던 새벽 기도 그 자리에

다시 앉아 있는 주일 예배시간

하나님 아버지! "감사합니다."로 시작되는

내 기도.

수없이 졸라 댔던 그 많은 얘기들,

사연들,

이야기 하고 또 하면서

내 아픈 심정,

바라는 모든 것을 다 쏟아내었던 그 자리에서

아! 하나님은 다 아셨습니다.

아! 하나님은 다 보고 계셨습니다.

아! 하나님은 다 듣고 계셨습니다.

시간이 지나 또 그 기도 자리에 앉으니

다 알고 계셨고,

다 보고 계셨고,

다 듣고 계셨구나

하는 마음이 가득 몰려왔습니다.

내가 알기 이전에

이미 계획하시고,

이미 앞서가시고,

이미 모든 것을 해결해 주시고 계셨음을

아주 늦게,

아주 아주 늦게

알았습니다.

아, 하나님! 그러셨군요. 그러셨네요.

촉촉히 젖어드는 내 눈가 …

어찌하나요?

무슨 말을 할 수 있을까요?

아 … 하나님!

그냥 그렇게 살면 될 줄 알았습니다

그냥 그렇게 살아가는 줄 알았습니다.
착하게 열심히 노력하며
성실하게 매일 살아가노라면
잘 살아가는 줄 알았습니다.

지난 시간들을 돌아보며 원치 않았던 삶,
남과 같이 지극히 평범하게 사는 삶,
큰 욕심내지 않고 평안과 행복, 건강, 사랑,
좋은 낱말로 가득한 삶을
내가 잘못하지 않으면
그냥 그렇게 살아갈 수 있는
삶이라 생각했습니다.

하지만 세상은

기쁨이 기쁨으로만 이어지지 않았고
슬픔이 보였습니다.
마치 동전의 양면처럼
모든 것이 한 묶음입니다.
그러나 이 또한
하나님의 능력에 의한 것임을 고백합니다.

드라마나 영화 속의 모든 사연과 얘기들이
다 내 것이고
남의 일이 다 내게 올 수 있는 이야기라는 것을
한참 살아본 후에야 알았습니다.
그리고 내 생각, 내 지혜, 내 능력으로
모든 것 다 잘해 나갈 줄 알았습니다.
얼마나 어리석고

참으로 딱한 생각과 삶이었을까요?
색깔과 무늬만 성도였던 저를 보고
하나님은 얼마나 탄식하셨을까요?
고난 중에 하나님은 찾아오셨고
깨달음을 주시고
많은 회개를 하게 하시고
이렇게 하나님을 만났습니다.

내가 만난 하나님은 너무 멋진 분이셨습니다.
우주 만물을 창조하시고
모든 것을 예비하시고
모든 것 누누이 일러주시며
온유, 사랑, 긍휼하심으로
늘 인자하게 웃으시며 기다려주시고

모든 것 들어주시는

아주 멋진 분이십니다.

내 모든 것 맡기고 나비처럼 비상합니다.

나의 삶이

내 생각,

내 지혜,

나의 능력에 의한 것이 아니라

하나님의 뜻

하나님의 지혜,

하나님의 능력에 의한 것이었어야 함을

고백합니다.

하나님 아버지! 사랑합니다.

아주 많이요! 도와주세요!

그렇게 살면 잘 사는 줄 알았어요

임란규 지음

초판 1쇄 발행 | 2022년 11월 30일

발 행 인 | 전병철
책임 편집 | 전병철
발 행 처 | 세우미
등   록 | 476-54-00568
등 록 일 | 2021년 07월 26일
주   소 | 광명시 영당안로 13번길 20. 삼정타운 다4동 404호
이 메 일 | mentor1227@nate.com

ISBN   979-11-975427-6-3   03230